Birgitt und Werner Knubben
Du bist ein Geschenk

Birgitt und Werner Knubben

Du bist ein Geschenk

Meditationen zu
Schwangerschaft und Geburt

Herder Freiburg · Basel · Wien

*Für
unsere Eltern
und für unsere Kinder
Elias
Johannes
Xenia
Sulamith
Rachel*

INHALT

ZÄRTLICHKEIT NACH INNEN

Die Zeit
der neun Monate

DAS MEHR AN GLÜCK

Die Stunde
der Geburt

DU BIST GELIEBT

Die ersten
Lebenstage

ZÄRTLICHKEIT NACH INNEN

Die Zeit der
neun Monate

Wenn Du dem begegnest,
was du gesucht hast,
so wirst Du augenblicklich
mit Deinem ganzen Leben antworten

Leben
Leben leben
Leben empfangen
Leben bergen
Leben schenken
Leben lassen

Mancher Anfang
muß ganz zart sein
sonst
zerbrechen Möglichkeiten
ehe sie geboren

Peter Klever

Zärtlichkeit nach innen

in einer Umarmung verweilen
im Nebel Farben sehen
die ersten Fäden spinnen
den Weg bereiten
den Tag vor sich haben
dem Licht entgegenwachsen
Erfüllung ahnen

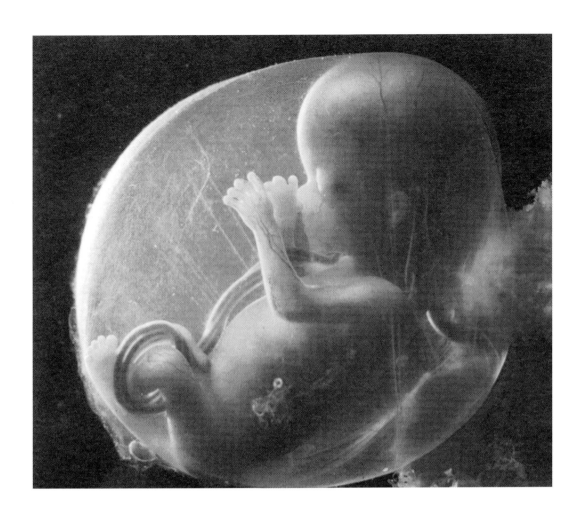

In deiner Umarmung wachsen

in dir ständige Entfaltung erleben
in dir hilflos ausgeliefert sein
in dir ganz vertrauen dürfen
in dir Sättigung erreichen
in dir Schutz finden
in dir Umwelt erahnen
in dir zur Reife gelangen
in dir Weite und Enge erfahren
in dir zum Leben erwachen
in dir

An Dich

Aus Ahnen wird Wissen

Mein Kind,
schon einige Tage ahne ich etwas
von deinem Dasein in meinem Körper.
Ich weiß nicht,
was mir diese Ahnung vermittelt.
Bin ich einfach nicht sensibel genug,
dich wahrzunehmen?
Fängt das Leben wirklich so zart
und zerbrechlich an?
Bisher dachte ich immer,
daß ich sofort von diesem
großen Ereignis deines Werdens
getroffen würde,
daß ich unmittelbar
von deiner ersten Minute an
in das Geschehen mit hineingenommen
und einfach um dich wissen würde.
Jetzt kann ich mich nur
von deiner Stille anstecken lassen
und dein Geheimnis ahnen.

Ich weiß es nun tatsächlich,
daß du in mein Leben getreten bist.
Schon ist es mir unvorstellbar,
mich getäuscht zu haben.
Keine Sekunde habe ich gezweifelt.
Du hast mich bereits ganz ergriffen,
und doch ertappe ich mich immer wieder,
daß ich den Alltag lebe,
als wüßte ich nichts von dir.

Ich wünschte mir,
du wärst mir stets gegenwärtig,
aber wie leicht
lasse ich mich von den Belanglosigkeiten
des Tages ablenken.
Wie wenig kann ich wirklich begreifen,
was in mir vorgeht.
Ich spüre eine tiefe Sehnsucht,
mich in dein Geheimnis hineinzugeben.
Aber ich stoße stets an meine Grenzen.
Mir ist,
als ob mein Herz,
meine Seele,
mein Verstand,
nicht genügend entfaltet sind
für dich
in deiner Zartheit.
So glaube ich ganz fest an dich und
schweige, hoffe, danke.

Fragen bleiben.
Wer bist du,
was brauchst du,
was fühlst du,
worauf wartest du,
was wird aus dir werden?

Mir wird bewußt,
daß auch du deine Fragen an mich hast,
daß du genausowenig weißt,
wer ich bin,
wie ich bin,
wohinein du geboren wirst,
was dich erwartet,
wie dein Weg aussehen wird.
Auch du lebst im Glauben an mich.

Du bist in mein Leben eingebunden.
Ich bin dir Leben.
Von mir kann dein Gedeihen und
dein Verderben abhängen.
Oft erschrecke ich
über deine Abhängigkeit von mir.
Meiner Verantwortung
bist du ausgesetzt,
aber auch meinem Egoismus,
meinem Mut,
aber auch meiner Angst,
meiner Offenheit,
aber auch meiner Blindheit,
meiner Hoffnung,
aber auch meiner Resignation.

Ich beginne, an mir zu zweifeln.
Werde ich dir eine gute Mutter sein,
die dir gerecht wird,
die dich annimmt,
so wie du bist,
die dir nicht nur das Leben,
sondern auch Liebe schenkt,
und Zeit
und Raum?

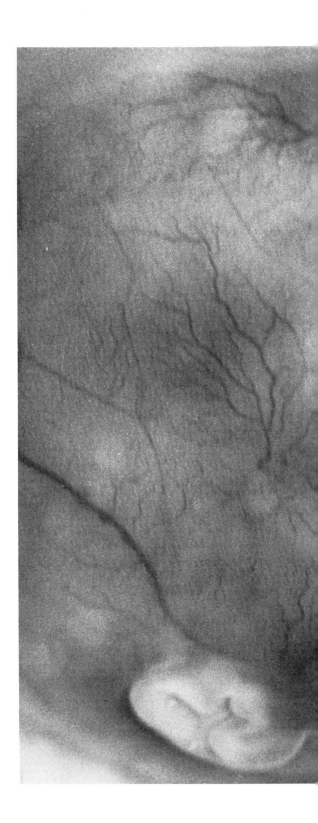

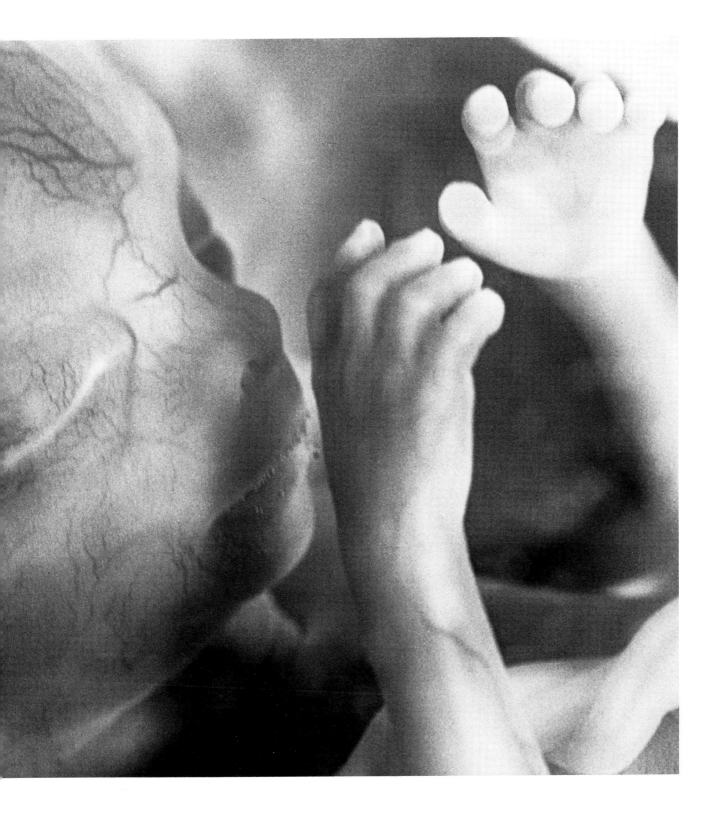

Aus Wissen wird lebendige Antwort

Du beginnst,
dich mir mitzuteilen
durch deine Bewegungen,
dein Wachsen,
dein Leben.
Ich bin froh über deine Antwort.
Ich habe sie sehnlich erwartet.
Mit allen meinen Sinnen
möchte ich dich wahrnehmen,
dich hören,
dich sehen,
die Minuten festhalten,
in denen wir diese geheimnisvolle Beziehung
zueinander haben.
Zu gerne würde ich deinen Vater
daran teilhaben lassen,
aber ich vermag es
nur ganz unvollkommen.
Deine Antwort fordert mich erneut heraus,
mich auf dich ganz einzustellen,
dich jeden Tag neu und
fester zu umschließen.

Meine Gedanken an dich
liegen im Jetzt und Heute,
aber ebenso im Morgen.
Deine Zukunft,
wie wird sie aussehen?
Wird dein Weg
viele Steine und
Steigungen haben?
Wirst du ihn bewältigen können,
auch mit Gräben,
Hindernissen und
Abgründen?
Wir können deinen Weg
nur begrenzt mitgehen.

Du bist noch im Schutz meines Körpers.
Aber nicht nur mein Körper ist schwanger.
Auch meine Seele,
mein Geist,
mein Herz,
unsere Partnerschaft
sind erfüllt von dir.

Aus deiner Antwort wird Reifwerden zur Geburt

Noch einige Wochen,
und du wirst geboren werden.
In vielen Augenblicken
habe ich gelernt,
dich zu begreifen,
dich zu lieben.
Du bist mir so vertraut geworden,
und wirst mich doch bei deiner Geburt verlassen.
Freude und Traurigkeit,
Glück und Angst
bewegen mich heute.
Deine Geburt
wird Abschied von unserer Zweisamkeit,
wird Trennung unserer Körper bedeuten.
Deine Geburt,
sie steht wie eine Mauer
vor mir, und
ich weiß nicht,
was sie von mir fordert,
wie ich sie bezwingen werde,
ob ich heil
auf der anderen Seite ankommen werde.
Sie birgt so viel Ungewißheit.
Aber meine Ungewißheit ist auch deine.
Man sagt,
eine Geburt tut weh.
Meine Schmerzen sind auch deine.
Meine Enge ist auch deine Enge.
Immer klarer wird mir,
daß wir diese Geburt
gemeinsam vollziehen,
du und ich.
Die Geburt ist nicht zu vergleichen
mit den zarten Anfängen deiner Entstehung.
Sie kommt mit Macht,
ergreift uns beide,
treibt uns von Enge in Weite,
von Spannung in Ruhe,
von Schmerz in Befreiung,
im Rhythmus der Natur.
Unser Weg,
den wir bisher gemeinsam gingen,
wird jäh getrennt.
Die Natur will,
daß es schmerzlich für uns ist.
Sie rüttelt uns auf
und macht uns bewußt,
daß unsere Wege
nicht mehr
ineinander verschlungen sein werden,
sondern nebeneinander
in die Zukunft führen.

Ich muß reif werden
für mein Loslassen.
Du mußt reif werden
für deinen Willen
zum Leben.

Die Zeit der neun Monate

Sie sprengt
unser übliches Zeitempfinden.
Für niemanden hat sie die Bedeutung,
die wir ihr beimessen,
du und ich.

Diese Zeit
bedeutet für uns
Raum und
Inhalt,
Zwischenzeit.

In ihr ist
Traum und Wirklichkeit,
Suche und Entdeckung,
Zweifel und Hoffnung.
Sie ist
geteilte Zeit,
Zeit für dich,
für mich,
für uns.

Zeit, von der wir uns ergreifen lassen.
Zeit, die uns dem Alltag entreißt.
Zeit, in der wir uns ganz hineingeben.
Zeit, die uns unsere Rollen zuweist.

Die Zeit der neun Monate.
Sie ist kostbar
in ihrer Begrenztheit,
in ihrer Reifung,
in ihrer Dichte.

Unsere Zeit.

Ich kann dir LEBENSRAUM sein
> indem du in meinem Körper lebst,
> indem du meine Luft atmest,
> indem du meine Wärme spürst,
> indem mein Blut zu deinem wird.
> > mehr nicht

Ich kann dir LEBENSRHYTHMUS sein
> indem ich Tag und Nacht,
> indem ich Bewegung und Ruhe,
> indem ich Sprache, Musik und Geräusche mit dir teile.
> > mehr nicht

Ich kann dir LEBENSHILFE sein
> indem du meine Liebe für dich spürst,
> indem du meine Verantwortung für dich erkennst,
> indem du an meiner Mitte teilhast,
> indem du unsere Partnerschaft mitlebst,
> indem du unser Erwarten ahnst.
> > mehr nicht

Ich kann dir LEBENSLAST sein
> indem du meine Angst mitleidest,
> indem du meine Leere erträgst,
> indem du meine Zerrissenheit erduldest,
> indem du meine Abhängigkeit teilst.
> > das auch

Ich kann dir LEBENSVERWEIGERUNG sein
> indem ich dir meine Antwort versage,
> indem ich die Gedanken an dich unterdrücke,
> indem ich deine Bewegungen nicht wahrhaben will,
> indem ich meinen Körper mißbrauche,
> indem ich dir das Recht auf Leben abspreche.
> > das auch

Ich wurde nicht gefragt
bei meiner zeugung
und die mich zeugten
wurden auch nicht gefragt
bei ihrer zeugung
niemand wurde gefragt
außer dem Einen

und der sagte
ja

ich wurde nicht gefragt
bei meiner geburt
und die mich gebar
wurde auch nicht gefragt
bei ihrer geburt
niemand wurde gefragt
außer dem Einen

und der sagte
ja

Kurt Marti

Papa, wir waren heut bei dir
im Geschäft. Das Baby war mit
dem Bauch auch dabei
Johannes, 4 Jahre

Mama, hat das Baby in
deinem Bauch auch einen Stuhl?
Wie ißt das denn?
Xenia, 3 Jahre

Mama, ich möcht mal wieder in
deinen Bauch. Den Schnuller
und das Kissen nehm ich mit.
Johannes, 3 Jahre

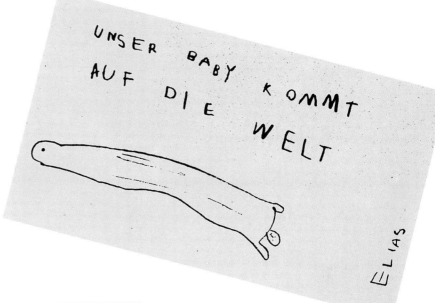

Mama, da braucht ihr uns zu
Weihnachten nichts mehr
schenken, wenn wir ein Baby
kriegen – aber das gilt nur für euch.
Elias, 8 Jahre

Gell, Mama, das ist das
Krankenhaus, wo du das Baby
rausgelassen hast?
Johannes, 4 Jahre

Kann das sein, daß in deinem
Bauch gar kein Baby ist, sondern
nur Spielzeug?
Johannes, 5 Jahre

Das Baby kann ja nur ein Bub
oder ein Mädchen sein. Höchstens
noch ein Hund oder eine Katze
oder ein Gockel – aber das gibts
ja nicht.
Elias, 5 Jahre

„Starke" Worte vor der Geburt

- ich muß ständig telefonisch erreichbar sein!
- morgen werde ich sicher nicht mehr ins Büro kommen!
- heute nacht bestimmt!
- ich weiß auch nicht, was das ist.
- sollen wir die Geburt vielleicht einleiten lassen?
- bei mir habe es auch so lange gedauert, hat meine Mutter gesagt.
- das wird sicher ein Junge.
- spürst du immer noch nichts?
- komm, wir machen einen Spaziergang!
- aber jetzt muß es doch bald losgehen!
- du wirst doch nicht sagen, daß es schon losgeht?
- schnell, schnell, oder soll ich das Rote Kreuz anrufen?
- zu zweit schaffen wir das gut!
- du, ich bin dir ganz nahe!
- sei ganz tapfer!

DAS MEHR AN GLÜCK

Die Stunde der Geburt

Das Mehr an Glück
haucht Dein Atem.
Von einem Lichtstrahl
getragen
erscheint das Du.

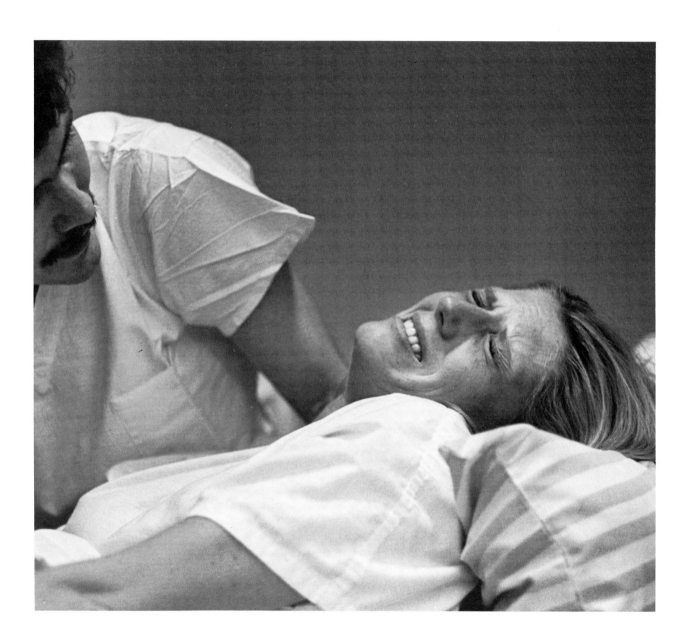

Aus mir geboren werden

sich dem Willen einer ungeahnten Macht fügen
wie von Wellen ins offene Meer getragen werden
wie vom Sturm erfaßt werden
die berstenden Kräfte der Natur erleben
vom Schmerz fast erdrückt werden
um das Leben ringen
ahnen, was sterben heißt
sich selbst verlieren
auf Befreiung und Erlösung hoffen
die Nacht zum Tag werden lassen
dem Traum ein Gesicht geben
dem Geheimnis des Lebens auf die Spur kommen
die Unendlichkeit ahnen
ein Wunder erleben
durch Lösung Bindung erfahren

Aus Dir geboren werden

in die Enge getrieben werden
den Boden unter den Füßen verlieren
um das gewonnene Vertrauen bangen
Gefahr ahnen
die Einheit verlieren
in die Welt geworfen werden
den Schrei des Fallengelassenwerdens schreien
das Leben verlieren
das Leben gewinnen
aus der Tiefe auftauchen
der Stimme Laut geben
den Atem des Lebens aufnehmen
deine Umarmung neu erleben
einem Tag den Namen geben
sich in Beziehungen einknüpfen lassen
mit dem Sterben beginnen
noch alles hoffen dürfen

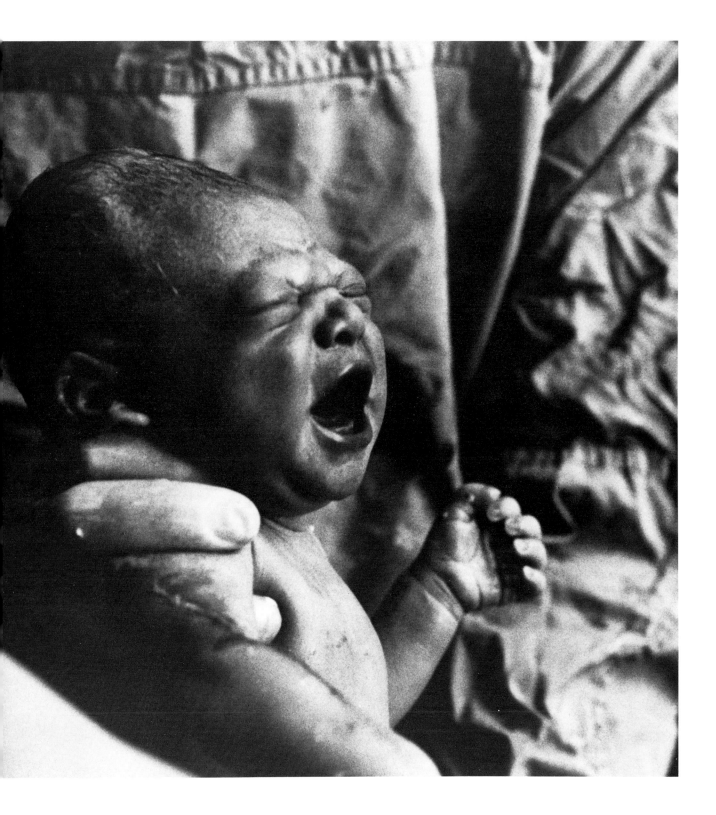

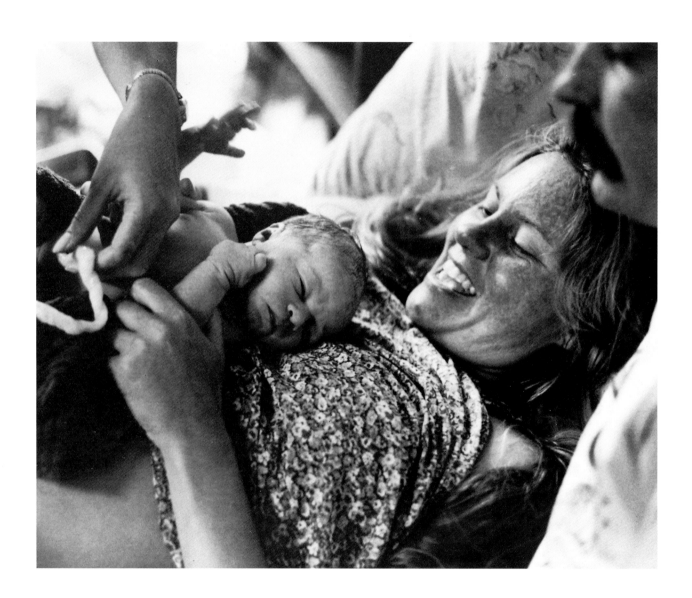

Zeuge sein

vom Geheimnis der Menschwerdung berührt werden
um Frau und Kind bangen
Spannung aushalten müssen
Schmerzen nicht teilen können
hilflos am Rand stehen müssen
eine Hand halten dürfen
Wir werden
endlich begreifen
die Welt umarmen wollen
eine Sternstunde erleben

Alles hat seine bestimmte Stunde,
und seine bestimmte Zeit
hat jedes Ding unter dem Himmel.
Geborenwerden hat seine Zeit,
und Sterben hat seine Zeit.
Pflanzen hat seine Zeit,
und Gepflanztes ausreißen
hat seine Zeit.
Töten hat seine Zeit,
und Heilen hat seine Zeit.
Niederreißen hat seine Zeit,
und Aufbauen hat seine Zeit.
Weinen hat seine Zeit,
und Lachen hat seine Zeit.
Klagen hat seine Zeit,
und Hüpfen hat seine Zeit.
Steine werfen hat seine Zeit,
und Steine auflesen
hat seine Zeit.
Umarmen hat seine Zeit,
und Fernsein hat seine Zeit.
Suchen hat seine Zeit,
und Verlieren hat seine Zeit.
Aufbewahren hat seine Zeit,
und Wegwerfen hat seine Zeit.
Zerreißen hat seine Zeit,
und Zusammennähen hat seine Zeit.
Schweigen hat seine Zeit,
und Reden hat seine Zeit.
Lieben hat seine Zeit,
und Hassen hat seine Zeit.
Krieg hat seine Zeit,
und Frieden hat seine Zeit.

Buch des Predigers

DU
unerkannt, unbekannt, namenlos,
fest umhüllt, umschlossen, geborgen
in Wärme, Wasser, Wehe,
gebeugt, geballt, gebunden
beginnst den Weg
nach draußen.
Ein Weg
vom Dunkel ins Licht,
von Stille in Lärm,
von Wärme in Kälte,
von Geborgenheit in Verlassenheit,
von Enge in Weite,
in Freiheit.

DU
bis jetzt warst du Geborgenheit,
von nun an wirst du Kerker.
So laß es sein,
laß es geschehn,
laß es nicht länger dauern.
Hilf mir zum Licht
und sperr dich nicht,
du darfst nicht länger warten.

DU
lebe, lebe, lebe
ein Leben lang.

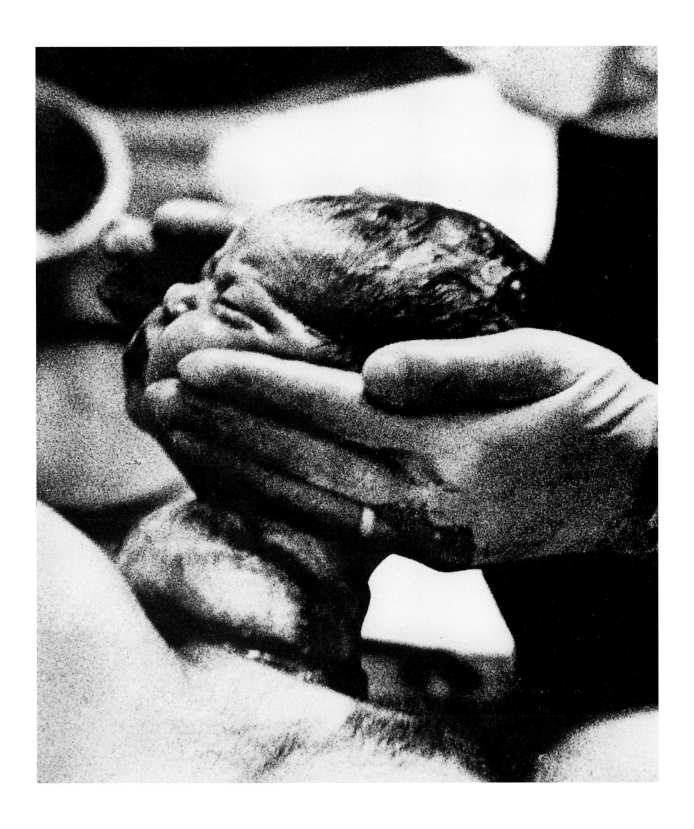

Es ist wie in der Liebe:
Öffne dich und laß es geschehen.
Laß das Kind zur Welt kommen.

Es genügt schon, daß du ihm nichts entgegensetzt,
daß du dich nicht fürchtest, dich nicht
verwirren läßt
von der Kraft, der ungeheuren Gewalt, mit
der das Kind geboren werden will.

Es ist dein höchstes Opfer,
dein vollkommener Verzicht.

Etwas in dir muß dem Kind sagen können:
Ja, verlaß mich, geh aus mir heraus.
Da ist das Leben. Vor dir.
Nimm es.

Frederick Leboyer

Eine Mutter ist traurig,
wenn ihre Stunde da ist;
nach der Geburt aber,
denkt sie nicht mehr an die Angst,
aus Freude darüber,
daß ein Mensch
zur Welt gekommen ist.

Evangelium nach Johannes

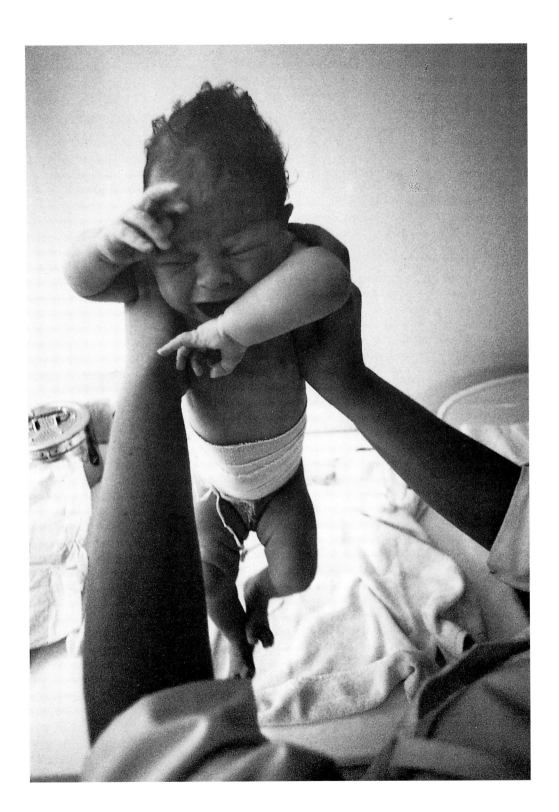

Dem Traum ein Gesicht geben

Die Geburt hat begonnen.
Die Wehe bäumt sich in mir auf
und läßt wieder nach.
Kurze Ruhephasen
sind uns beiden noch gegönnt.
Wieder werden wir überrascht
von dieser mächtigen Kraft der Natur,
die wir nicht beeinflussen können.
Es bleibt nur Annehmen und Geschehenlassen.
Das fällt schwer,
dir und mir.

Der Schmerz nimmt zu
und hält mich so gefangen,
daß ich vergesse, wozu er da ist,
ja ich vergesse sogar für Augenblicke dich,
und ich erschrecke darüber.
Doch dann fühle ich mich
von deinem Vater gehalten
und werde wieder frei für dich.
So gerne erspüren möchte ich,
wie es dir geht.
Ich möchte dich beruhigen,
dir sagen, warum das alles,
möchte dir Hoffnung geben,
dir mitteilen, daß wir dich auffangen.
Vielleicht können meine Gefühle dich erreichen.
Deine Natur drängt aus mir.
Sie sprengt,
dem Zerreißen nahe,
sie nimmt.
Meine Natur ist bereit,
sich zu weiten,
zu öffnen,
zu geben.

Wir stehen mitten im
Augenblick deiner Geburt,
und eben noch erdrücken mich Anstrengung,
Schmerz,
Müdigkeit,
Angst und
Spannung,
Schon sind wir befreit,
gelöst,
erlöst,
glücklich.
Es ist,
als ob eine weite Ruhe
sich über uns breitet und die starre Mauer
zu einem seidenen Tuch verwandelt wird,
das vor uns liegt.
Du bist für mich und für uns
Wirklichkeit geworden.
Du bist noch einmal unser Kind geworden,
neu in unser Herz gelegt.

Was wir gemeinsam erlebt haben,
vermag der Verstand nicht zu begreifen.
Das Herz aber hat Gründe,
die der Verstand nicht kennt.
Allein mein Herz und meine Seele
können dir in diesem Augenblick
Antwort geben.

Deine Geburt,
ein Akt der Zärtlichkeit,
der Liebe.
Deine Geburt,
ein Geschenk für dich,
ein Geschenk für uns.

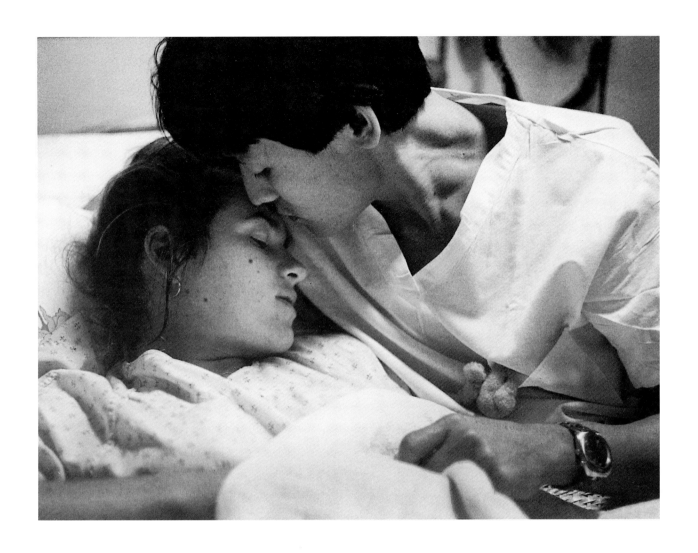

Die Geburt
ist für eine Frau
die Stunde
ihrer größten Würde.

Noch nie
habe ich einen Augenblick sehnlicher erwartet.

Noch nie
habe ich einen Augenblick schmerzlicher erlitten.

Noch nie
habe ich einen Augenblick befreiter erlebt.

Noch nie
habe ich einen Augenblick tiefer geliebt.

Noch nie
habe ich einen Augenblick herzlicher geschenkt.

Noch nie
habe ich einen Augenblick ehrlicher gedankt.

In diesem Augenblick
bist du geboren.

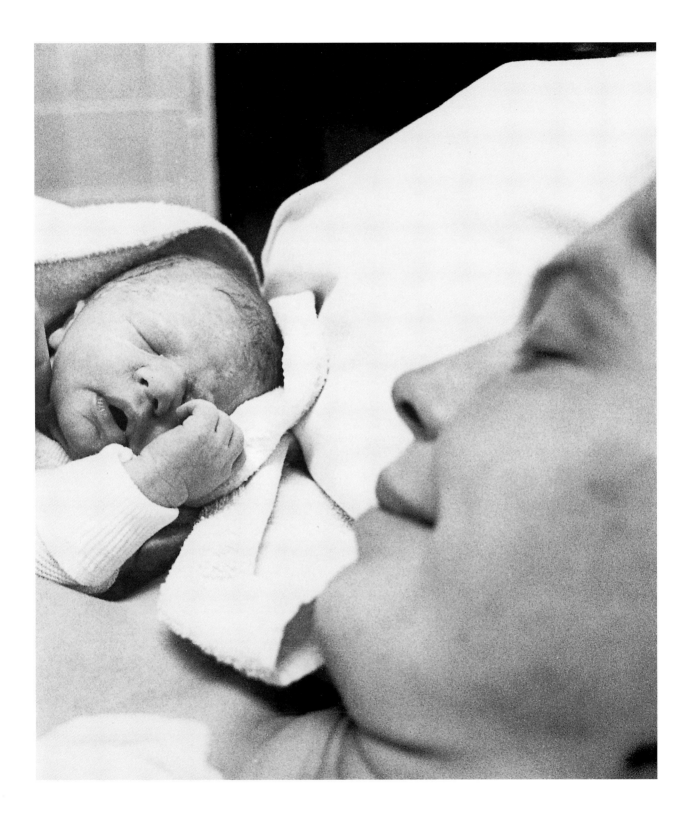

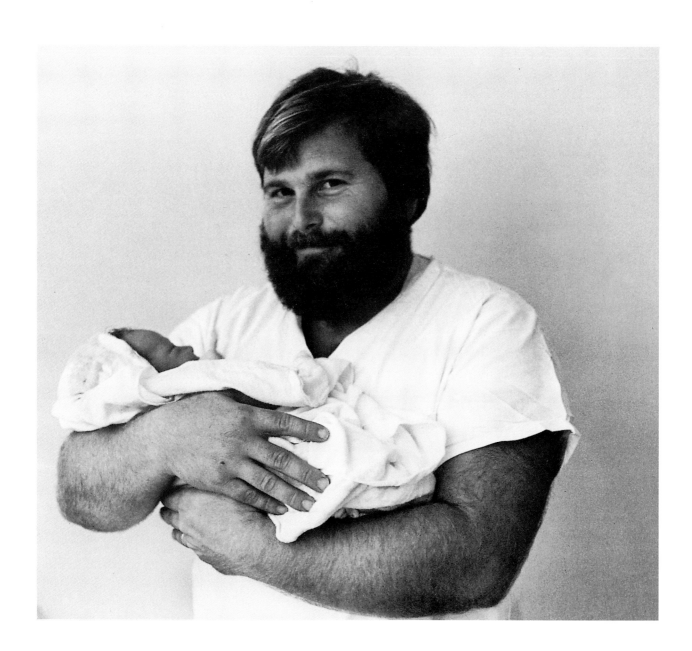

Eine Sternstunde erleben

Unser Warten,
das nun schon neun Monate dauert,
verdichtet sich.
Du hast uns ein Zeichen gegeben,
bald wirst du bei uns sein.
Die Geburt
steht noch zwischen uns.
Wir alle
müssen sie bewältigen,
du,
deine Mutter,
ich.
Für uns
bist du nun in diesen Stunden
das Wichtigste und Bedeutendste geworden.
Es ist,
als ob die Welt stillstünde
für dich,
als ob sie schweigen würde
für dich,
als ob sie darauf warte,
dich zu empfangen.
Unsere Erwartung birgt
etwas Geheimnisvolles, etwas Heiliges.
Sie ist erfüllt,
von deiner unmittelbaren Nähe,
von deinem Kommen.
Langsam,
sehr langsam
tut sich eine neue Welt
für dich auf.
Sie öffnet sich
gleich einem Schleier,
der allmählich fällt.

Du wirst deine bisher kleine, warme,
inzwischen aber enge Welt verlassen
und in unsere Welt treten,
eine Welt,
in der andere Maßstäbe gelten,
andere Bedingungen
und Verhältnisse herrschen.
Es ist,
als ob du zögertest,
als hätte dich der Mut verlassen.
Deine Mutter hat es schwer.
Sie kämpft um deine Freigabe,
sie ringt um deine Freiheit.
Schmerz quält, wühlt, zerrt, dehnt,
macht müde und matt,
macht aber auch bereit und reif.
Mir ist,
als müßte ich selbst diesen Kampf durchstehen,
meine Seele leidet mit,
mein Körper bleibt jedoch stumm.
Ich wünschte,
ich könnte diesen Schmerz
mit deiner Mutter teilen,
ich könnte „meinen" Teil
auf mich nehmen und mithelfen,
dich auf die Welt zu bringen.
Aber es ist nicht möglich.
Deine Mutter muß es ganz allein durchstehen,
mir bleibt
das Bangen um dich und deine Mutter.
Mir bleiben Hilflosigkeit und das Gefühl,
am Rande zu stehen.
Ich kann nur dasein,
und das ist sehr wenig.

Du bist dabei,
deine bisherige Welt
hinter dir zu lassen,
du wagst es,
du willst,
du kommst uns entgegen.
Unser Warten schrumpft
und verschmilzt nun
zu einem einzigen Augenblick.
Deine Mutter gibt dir Hilfe.
Durch ihren Willen und ihre Hingabe
schaffst du es,
in unsere Welt einzutreten.
Mir ist,
als hätte ich endlich begriffen,
was in deiner Mutter
neun Monate lang geschehen ist.

Meine Seele ist aufgewühlt,
ich möchte weinen und lachen,
schweigen
und deine Ankunft hinausschreien,
ich möchte die Welt umarmen.
Nichts,
das weiß ich,
wird jemals wieder so sein können.
Eine Sternstunde wird
die Stunde deiner Geburt
und der ganz neuen Begegnung
mit deiner Mutter.
Ich werde diesen Augenblick
nie vergessen,
weil er für mich
zum Kostbarsten
meines Lebens geworden ist.

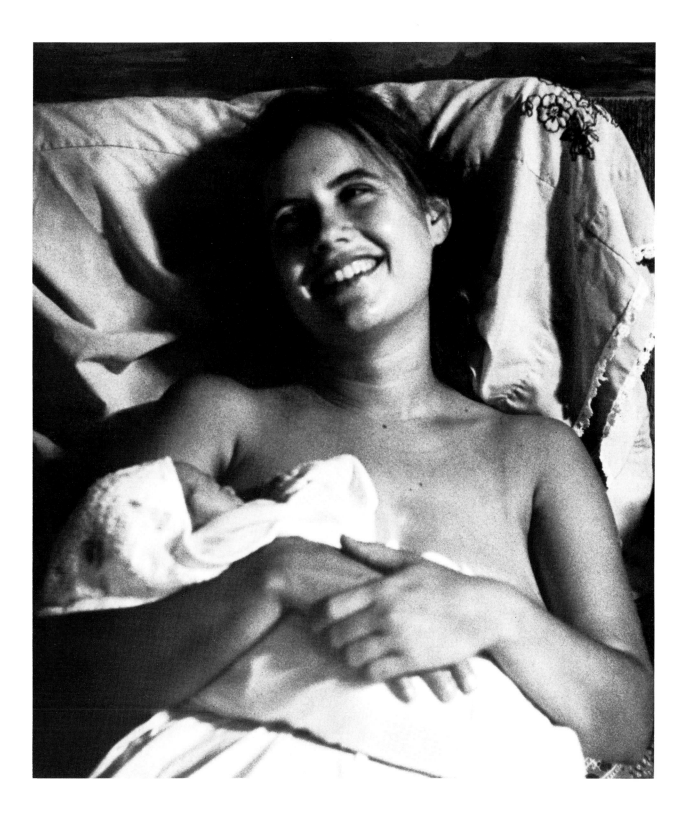

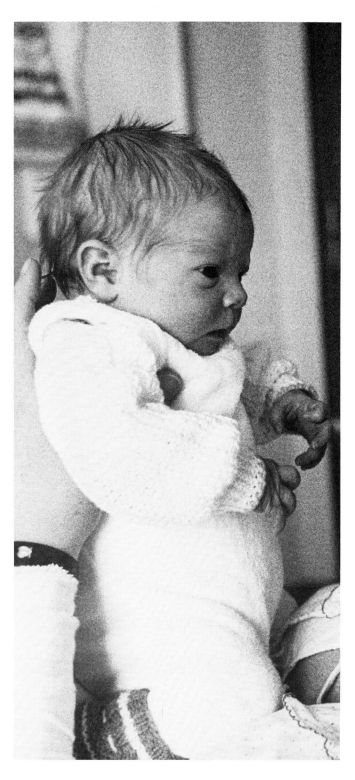

Geboren werden heißt sich lösen

Deine Entbindung ist vollzogen,
die Verheißung deines Lebens erfüllt.
Die Zeit war reif.
Du hast dich gelöst
aus den wärmenden Hüllen deines Werdens,
aus dem schützenden Raum meines Körpers.
In deiner Geburt sind wir einander begegnet.
Schmerz hat mich gelehrt,
dich loszulassen,
Schmerz hat unsere Trennung
in Erlösung verwandelt.
Dein Atem hat dich ins Leben geführt.
Du wurdest abgenabelt,
von mir getrennt.
Neu werden wir uns aneinander binden.
An meiner Brust wirst du Sättigung,
in unseren Armen Nähe erfahren.

In einer Umarmung
wurdest du zum Leben gerufen
und bist Mensch geworden.
Zärtlichkeit und Zuwendung,
Vertrauen und Geborgenheit
lehren dich, das Leben zu lieben.
Sie sind Wurzeln,
die deinem Leben Halt und Nahrung
auch in dürren Zeiten sichern.
Du sollst durch uns erfahren,
jeden Tag,
worauf wir bauen,
was unserem Leben Tiefe gibt.
Bleibe eingebunden
in die Liebe deiner Eltern.

Leben heißt
sich binden

Wenn die Zeit reif ist,
– es wird früher sein,
als uns lieb ist –,
wirst du
die Weite erobern wollen,
die wir dir Stück um Stück
immer mehr zutrauen.
Du wirst dich lösen wollen,
immer wieder,
immer bestimmter,
und wir werden
dich ziehen lassen,
kleine Schritte
zu deinen Freunden,
weite Wege
zu dem Menschen,
an den du dich
binden möchtest.

Du bleibst umarmt,
wie dein Vater
von mir umarmt bleibt
und wie ich aus der Umarmung
mit deinem Vater lebe.
Daraus werden wir
die Kraft schöpfen,
die wir brauchen,
um die Umarmung des Todes
annehmen zu können,
wenn wir uns einmal
vom Leben lösen,
um uns für immer
an Gott zu binden.

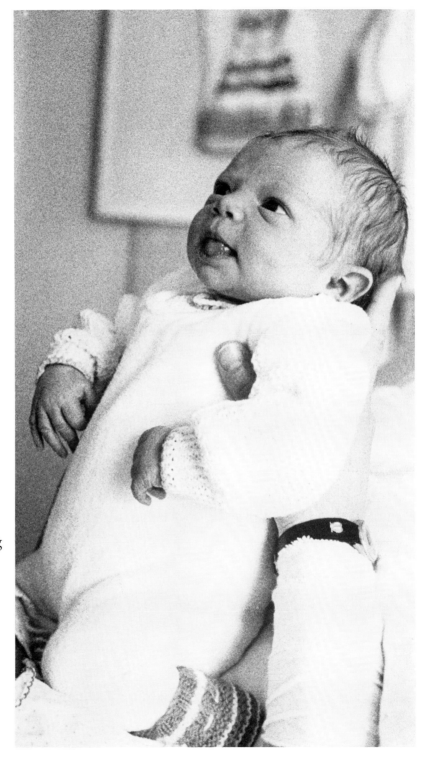

Laß dich fallen

in diese Welt
in das Warten auf deine Ankunft
in die Gegenwart
in die Liebe deiner Eltern
in die Arme deiner Geschwister
in das Auf und Ab menschlichen Lebens
in das Geben und Nehmen menschlichen Handelns
in die Freiheit deiner Entfaltung
in die Unendlichkeit Gottes
laß dich fallen
laß dich auffangen
laß dich tragen

Wir wollen uns anstecken lassen

von deinem aufschauenden Erwarten
von deiner Fähigkeit, im Augenblick zu leben
von deiner Gabe, Zeit zu verschenken
von deiner wehrlosen Offenheit
von deiner grenzenlosen, absichtslosen Liebe
von dir

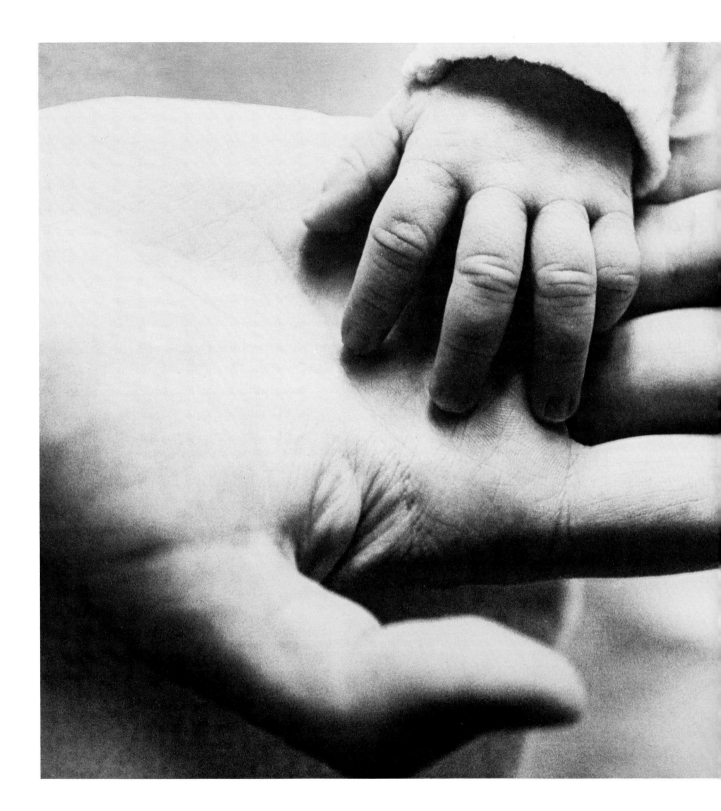

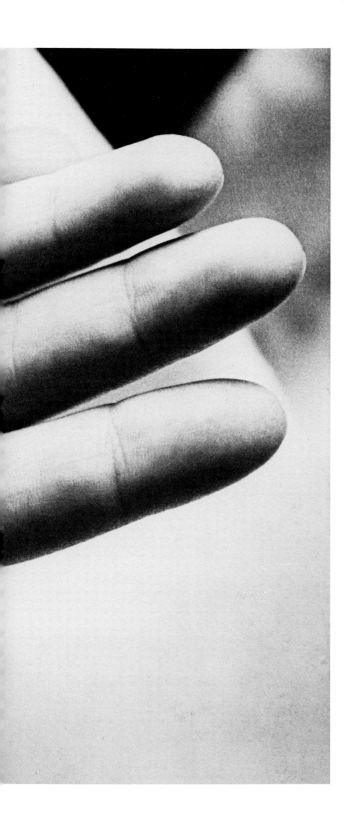

A und O

Die Fäuste geballt
Hinaus mit Gewalt
Ins Leben geworfen

Die Hände offen
Was bleibt ist Hoffen
Dem Sterben gehorchen

Bis ich geendet

Dein erster schritt – ich weiß noch genau ...
dies wird mein letzter sein
und als du anfingst meine hand zu fassen ... nun
ich muß dich lassen

dein erstes lächeln seh ich heute noch ...
verlang von mir kein letztes

seit du aus meinem schoße kamst mein kind
seit damals schon
geh ich in jenen größern schoß
hinein.

Das
mußt du schon verstehn mein kind
daß nun sich alles wendet
daß
du nun darauf warten mußt bis
ich geendet.

Linus David

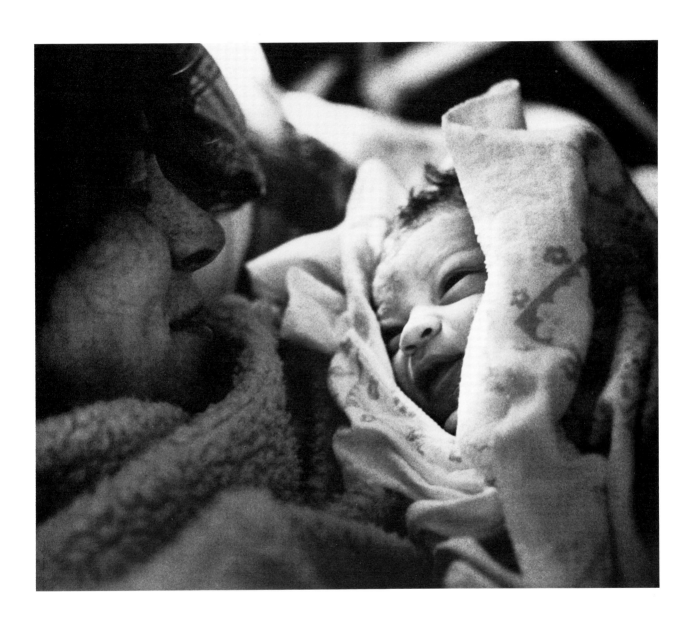

Die eigentlichen Geschenke des Lebens
werden zumeist in der Stille überreicht
Freundschaft und Liebe
Geburt und Tod
Freude und Schmerz
Blumen und Sonnenaufgänge
und das Schweigen
als eine tiefe Dimension
des Verstehens

Margot Bickel

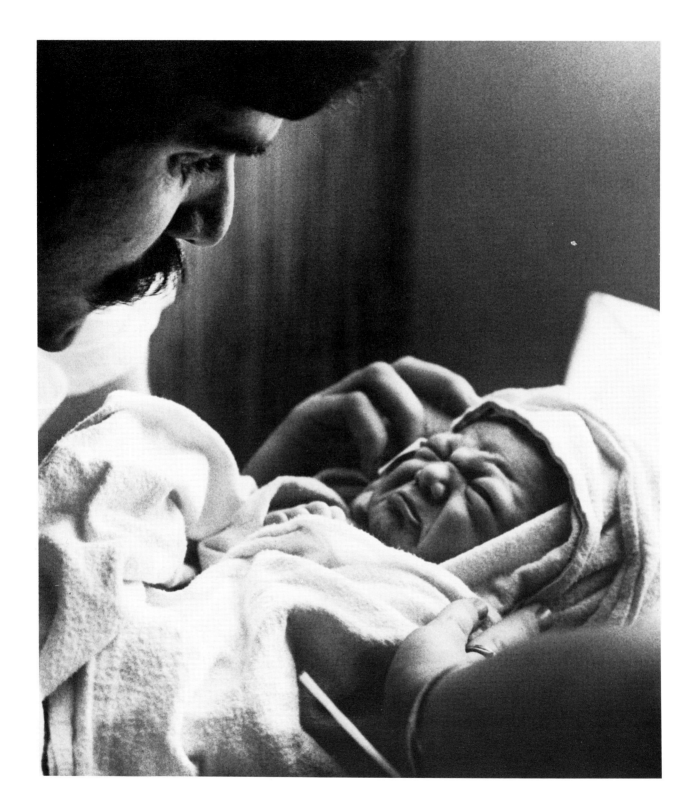

DU BIST GELIEBT

Die ersten
Lebenstage

Wenn du mich zart
und sanft berührst,
wenn du mich anschaust
und mir zulächelst,
wenn du mir manchmal zuhörst
bevor du redest,
werde ich wachsen,
wirklich wachsen.

Muriel James – Dorothy Jangeward

Kind sein

Eine Mutter haben
einen Vater haben
arm und nackt
hilflos und wehrlos
ausgeliefert und angewiesen sein
nichts vom Haben wissen
die Einfalt leben
mit Leib und Seele ganz Antwort sein
aus dem Augenblick leben
nichts von Zukunft wissen
uneingeschränkt Zeit haben
weder Schranken kennen noch Grenzen
zugleich lachen und weinen können
Kind sein

Vater und Mutter sein

Wenn ein kleines Kind sagen könnte,
was es am meisten braucht für sein künftiges Leben

für seinen Mut
    bei soviel Scheitern,

für sein Vertrauen
    in einer Welt voller Zweifel,

für seine Hoffnung
    im Angesicht des Versagens,

für sein Lied
    bei so viel Klagen ringsum,

für seinen Glauben,
    wo kaum einer das Ziel kennt,

für seine Freude,
    die andere befreit,

für seine schenkende Hand
    in einer Zeit des Verweigerns

für sein offenes Wort
    bei all dem verlegenen Schweigen,

für seinen Traum und sein Spiel
    gegen die geltende Vorschrift,

für sein Leben als Mensch –

was braucht ein Kind mehr als die Liebe
der Eltern und daß es erfährt,
wie Vater und Mutter sich lieben?
Weil ein kleines Kind noch nicht sagen kann,
was es am meisten braucht für sein Leben,
weil es nur erleiden kann, was ihm fehlt –
Väter und Mütter,
sollten wir es uns sagen und schenken.

Gerhard Kiefel

Wir haben zu Dir ja gesagt

Wollten wir nur
unser Bedürfnis nach einem Kind befriedigen?
Wollten wir uns in dir verwirklichen?
Hatten wir nur Angst
vor dem einsamen Alter?
Wollten wir,
daß du unser Leben weiterlebst,
wenn wir nicht mehr sind?
So fragen wir uns heute.

Du bist nicht errechnet,
nicht kalkuliert.
Du bist ersehnt,
bist Erfüllung,
du bist Antwort.
Um deinetwillen
haben wir zu dir ja gesagt,
dich angenommen,
dich aufgenommen.

In dir ist unsere Liebe fruchtbar geworden,
aus Liebe ist Leben geworden.
Liebe hat dir den Weg bereitet,
in und aus ihr hast du dich entfaltet
und bist Mensch geworden.

Die Hoffnung auf Zukunft
hat uns bewogen,
das Gesetz der Natur anzunehmen,
und wir haben getan,
was die Natur in ihrer Schöpfung
jahrtausendelang schon vollzieht,
nämlich Leben weitergegeben.
Wir glauben,
daß es gut ist so.

Wärest du nicht,
dann würden auch
Anstrengung, Angst und Leid,
Krankheit, Sorge und Streit
Dein Leben nicht überschatten.
Aber dir wäre auch die Chance versagt,
Leben zu entwerfen,
Leben zu gestalten und zu verändern,
das Leben zu leben.
Alles, was ins Leben fällt,
ist nicht vergebens.

Wie dein Leben auch aussehen mag,
du ziehst Kreise,
knüpfst Beziehungen,
hinterläßt Spuren.

Die Welt soll vielfältiger,
wertvoller werden
durch dich.

Du hast
unser Leben reicher gemacht.

Kinder, die so gewollt sind wie du,
sind Ausdruck der Hoffnung
auf Leben und Liebe.
Wenn wir nicht mehr wagen,
unsere Hoffnungen zu erfüllen,
wenn die Angst uns hindert,
Leben zu bejahen,
dann haben die Kräfte des Todes
uns wirklich besiegt.

Willkommen

Die Liebe hat dich hergerufen,
und Liebe gibt dir das Geleit.
Sie stützt dich auf den ersten Stufen
des schweren Weges durch die Lebenszeit,
bleibt später auch an deiner Seite,
stärkt dich noch mehr als Milch und Brot.
Auch in der ungeschützten Weite
hilft sie bestehen, was dich fremd umdroht.

Du bist in einer Zeit geboren,
vor deren Zeichen manchem bangt,
der seine Zuversicht verloren,
weil er im Glauben an die Liebe wankt.
Er ängstigt sich vielleicht gleich scheuen,
verfolgten Tieren in der Nacht.
Du fürchte nichts, du darfst dich freuen,
weil deiner Eltern Liebe dich bewacht.

Maria Müller-Gögler

Gott hat es mir geschenkt,
daß ich mit ihm spiele.
Gott hat es mir geschenkt,
daß ich es am Rücken trage.
Gott hat es mir geschenkt,
daß ich mit ihm spiele.

Trüg ich auch Gold auf meinem Rücken,
wahrhaftig, ich trüge nichts!
Kleidete ich mich auch mit teuren Stoffen,
wahrhaftig, mein Gewand wäre nichtig!
Schmückte ich mich auch mit kostbaren Perlen,
wahrhaftig, mein Schmuck wäre fahl!

Gott hat es mir geschenkt,
daß ich mit ihm spiele.
Das, ja das,
ist meine Herrlichkeit!
Gott hat es mir geschenkt,
daß ich mit ihm spiele.

Wiegenlied aus Afrika

Wie am ersten Tag

Deine Hand in meiner Hand –
stell dir nur vor, wie zerbrechlich sie war,
als du gerade geboren warst.

Deine Füße, die sich mit mir auf den Weg machen –
denk nur daran, wie zerbrechlich sie vor vielen,
vielen Jahren waren.

Dein Körper, den ich so oft spüre –
wie zart und zerbrechlich war er nach deiner Geburt.

Dein Kopf, der sich so gerne bei mir anlehnt –
wie zerbrechlich war er, als du zum erstenmal
in die Welt geblickt hast.

Dein Herz, das immer wieder neu versucht, mir zu vertrauen –
es ist genauso zerbrechlich wie damals,
an deinem ersten Tag!

Rainer Haak

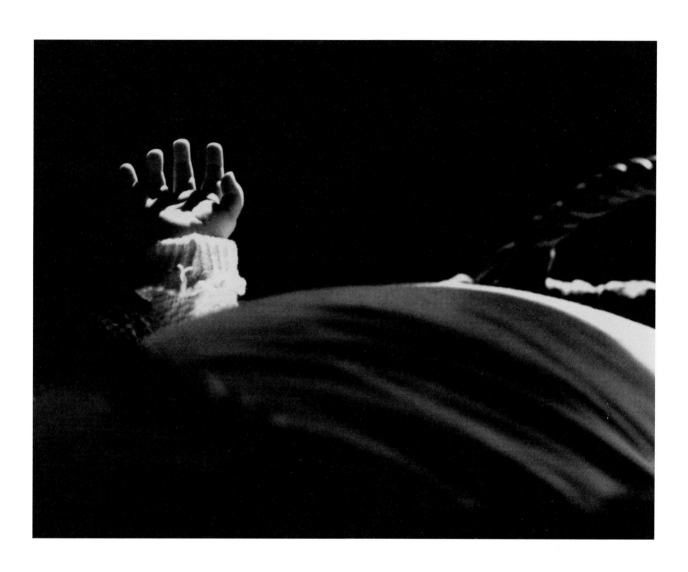

Die Mutter bei der Wiege

Schlaf, süßer Knabe, süß und mild!
Du deines Vaters Ebenbild!
Das bist du! Zwar dein Vater spricht,
Du habest seine Nase nicht.

Nur eben itzo war er hier
Und sah dir ins Gesicht,
Und sprach: „Viel hat er zwar von mir,
Doch meine Nase nicht."

Mich dünkt es selbst, sie ist zu klein,
Doch muß es seine Nase sein;
Denn wenn's nicht seine Nase wär',
Wo hätt'st du denn die Nase her?

Schlaf, Knabe! Was dein Vater spricht,
Spricht er wohl nur im Scherz;
Hab' immer seine Nase nicht,
Und habe nur sein Herz!

Matthias Claudius

Die Erschaffung des Vaters

Die kleine Geschichte ist sehr dicht angesiedelt bei dem Wort: „Gott schuf den Menschen Ihm zum Bilde, zum Bilde Gottes schuf er ihn."

Also: Gott formte zuerst einen großen Körper. Ein Engel, der dabeistand, sagte: „Was für eine Sorte Vater ist denn das? Wenn Du die Kinder so dicht am Boden machst, weshalb wird dann der Vater so hoch? Er wird keine Murmeln schieben können, ohne hinzuknien, kein Kind ins Bett packen können, ohne sich vorzubeugen, und selbst küssen könnte er ein Kind nur, wenn er sich tief bückt."

Gott lächelte und sagte: „Gewiß, aber wenn ich ihn gleich groß wie die Kinder mache, zu wem sollen die Kinder dann aufsehen?"

Und als Gott die Hände des Vaters machte, waren sie groß und kräftig. Der Engel schüttelte den Kopf: „Große Hände können nicht mit Windeln, Knöpfchen oder Haarbändern umgehen – geschweige denn Splitter aus einem Finger ziehen."

Und Gott erwiderte lächelnd: „Ich weiß, aber sie sind groß genug, um alles aufzunehmen, was ein Junge aus seinen Taschen holt, und doch klein genug, daß ein Kind seinen Kopf hineinbetten kann."

Dann formte Gott lange, schlanke Beine und breite Schultern. „Ist Dir klar, daß Du einen Vater ohne Schoß gemacht hast?" sagte der Engel.

Gott antwortet: „Eine Mutter braucht einen Schoß. Ein Vater braucht kräftige Schultern und Arme, mit denen er einen Schlitten ziehen, einen Jungen auf dem Fahrrad stützen kann oder einen müden, schweren Kopf auf dem Heimweg vom Zirkus."

Gott war eben dabei, zwei der größten Füße zu machen, die man bis dahin je gesehen hatte, als der Engel nicht mehr an sich halten konnte. „Das ist nicht gerecht. Meinst Du, so große Füße kommen rasch aus dem Bett, wenn frühmorgens das Baby schreit? Oder sie können durch eine Schar kleiner Geburtstagsgäste gehen, ohne mindestens drei zu zertreten?"

Gott lächelte wieder und sagte: „Sie sind gerade richtig. Du wirst es sehen. Sie tragen ein kleines Kind, das Hoppe-Hoppe-Reiter machen will. Oder sie verscheuchen die Mäuse aus dem Gartenhäuschen."

Gott arbeitete die ganze Nacht hindurch. Er gab dem Vater nur wenig Worte, aber eine feste, entschiedene Stimme, Augen, die alles sahen, aber ruhig und geduldig blickten. Und am Ende fügte er, als sei ihm das erst jetzt eingefallen, Tränen hinzu. Dann wandte er sich zu dem Engel und fragte: „Bist Du jetzt überzeugt, daß er genauso liebevoll ist wie eine Mutter?"

Märchen

Es war einmal ein Prinz, weit drüben im Märchenland. Weil der nur ein Träumer war, liebte er es sehr, auf einer Wiese nahe dem Schlosse zu liegen und träumend in den blauen Himmel zu starren. Denn auf dieser Wiese blühten die Blumen größer und schöner wie sonstwo. –

Und der Prinz träumte von weißen, weißen Schlössern mit hohen Spiegelfenstern und leuchtenden Söllern.

Es geschah aber, daß der alte König starb. Nun wurde der Prinz sein Nachfolger. Und der neue König stand nun oft auf den Söllern von weißen, weißen Schlössern mit hohen Spiegelfenstern.

Und träumte von einer kleinen Wiese, wo die Blumen größer und schöner blühten denn sonstwo.

Bertolt Brecht

vielerlei möglichkeiten
hängen in der luft

lichte und dunkle
erfreuende und bedrückende

nützliche und unnötige
lebensfördernde und todbringende

nach welchen
werde ich greifen?

Peter Klever

Für Dein Leben

Stell dich mitten in den Regen,
glaub an seinen Tropfensegen,
spinn dich in das Rauschen ein
und versuche gut zu sein!

Stell dich mitten in den Wind,
glaub an ihn und sei ein Kind –
laß den Sturm in dich hinein
und versuche gut zu sein!

Stell dich mitten in das Feuer,
liebe dieses Ungeheuer
in des Herzens rotem Wein –
und versuche gut zu sein!

Wolfgang Borchert

Hundert Träume
wirst du aufgeben müssen

wenn du nur festhältst
an dem einen

dem Traum
deines Schöpfers

von einer Erde
voller Frieden

Hans Bouma

Wenn du auch nur
einen Bruchteil behältst

von der Offenheit
und dem Vertrauen

mit denen du der Welt
jetzt gegenübertrittst

dann bist du nicht vergebens
Kind gewesen

Hans Bouma

Erkenne Licht und Sinn

Wie strahlend klar
leuchten deine Augen.
Wie offen
spricht dein Innerstes
aus ihnen.

Bewahre die Kraft deiner Augen.
Sie dürfen nicht
stumpf und blind werden
und nur noch Schatten,
Umrisse und das Dunkel der Nacht
wahrnehmen.
Durchstoße die Oberfläche
und erkenne Licht,
Farbe, Form und Gestalt,
Sinn und Zusammenhänge
in unserem Leben.

Laß dich beeindrucken,
aufwühlen,
erschüttern
von der Not dieser Welt.
Laß dich aber auch anziehen,
berühren,
bezaubern,
gefangennehmen
von ihren Geheimnissen,
von ihren Wundern und
ihrer faszinierenden Schönheit.

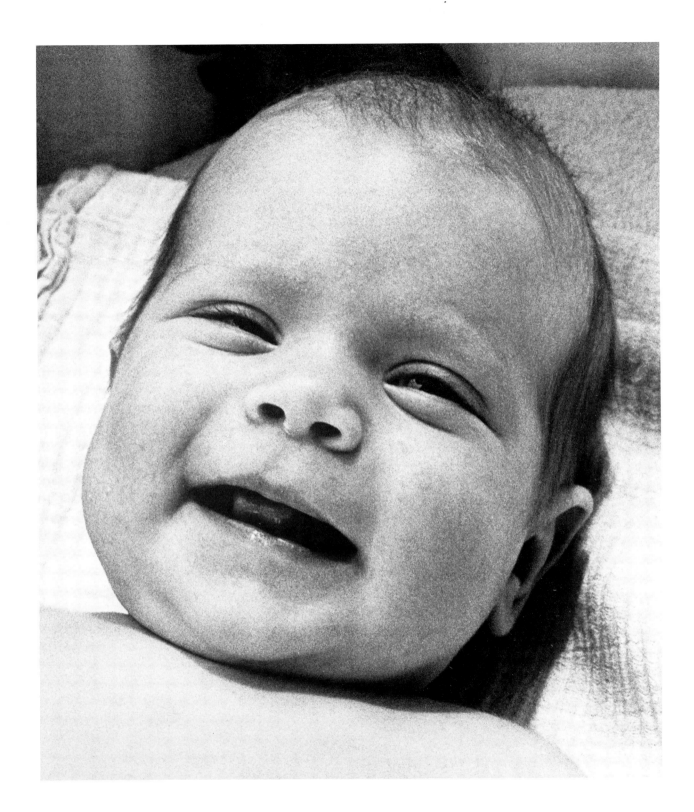

Öffne deine Hand

Von Herzen wünschen wir dir,
daß du in deinem Leben
offenen Händen begegnest,
Händen, die dich begleiten,
die dir geben,
die dich stützen,
Händen, die lieben,
die zärtlich sind und
trösten können.

Öffne deine Hand
für die,
die sie suchen,
sie brauchen,
sie ersehnen;
sei selbst liebevolle Hand
für das Schwache,
das Kleine,
das Kranke,
das Erbärmliche,
das Gewaltlose,
das Stumme,
eine Hand
für das Wesentliche
in unserem Leben.

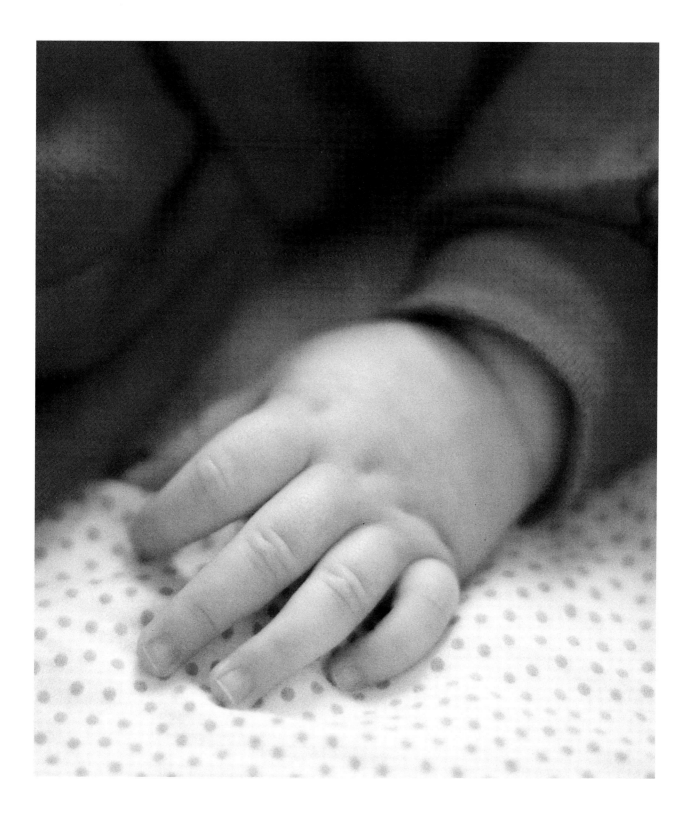

Öffne dein Ohr

Die Welt
möchte sich dir mitteilen.
Öffne dein Ohr
der Stimme des Menschen,
dem Laut des Tieres,
dem Klang der Musik,
dem Schweigen der Natur,
der Stille der Unendlichkeit,
und versuche
in dich hineinzuhorchen,
damit deine innere Stimme
nicht verstummt.

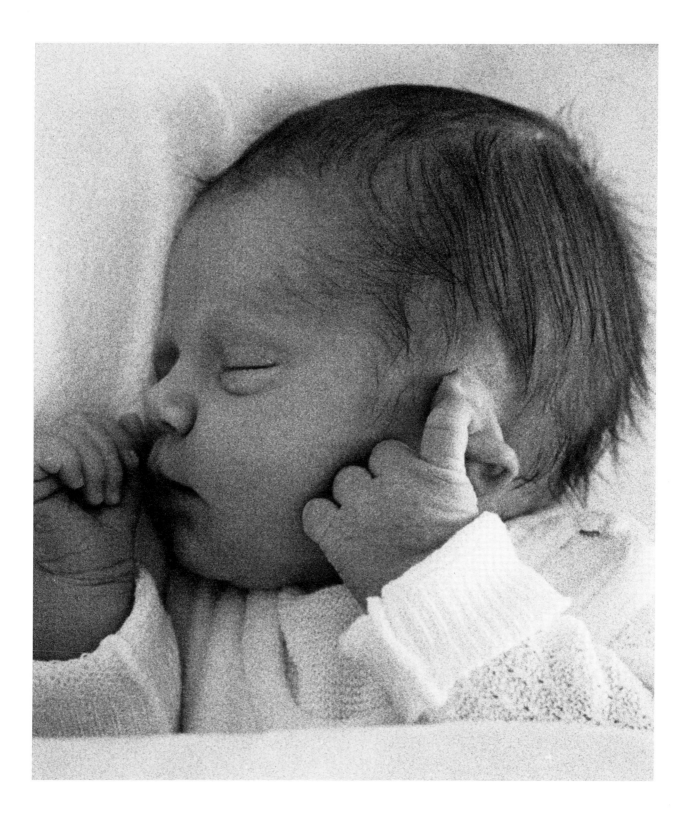

Lebe deine Worte

Mit deinem Mund
wirst du die Welt entdecken,
spielend wirst du Worte formen,
strahlend ihre Kraft entdecken,
küssen wirst du, zärtlich sein.

Dein Mund wird Fragen stellen,
aber auch Antwort geben.
Mehr und mehr wird deine Sprache
Ausdruck deiner Persönlichkeit werden.

Dein Ja sei ein Ja,
dein Nein ein Nein.
Lebe deine Worte.

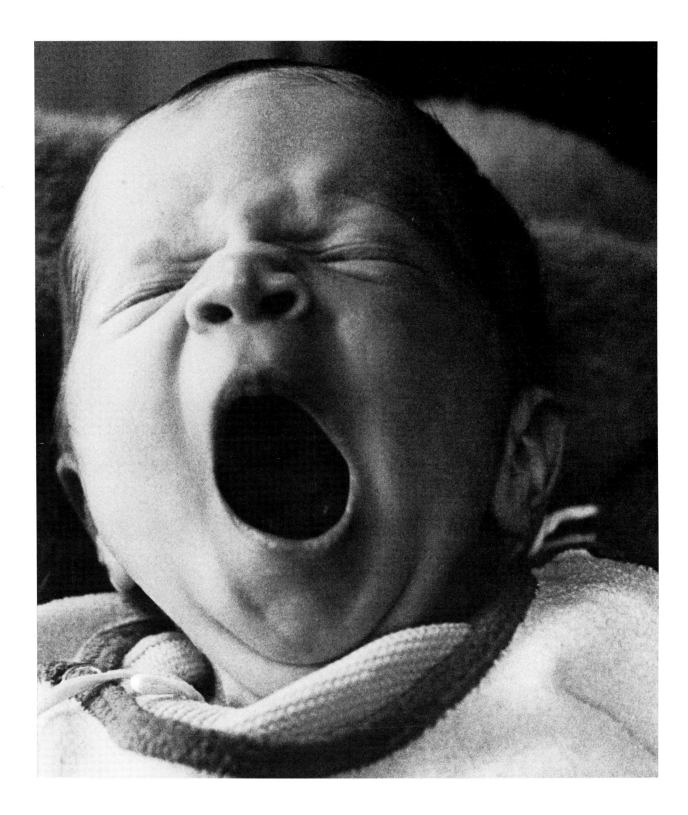

Geh deinen Weg

Deine Füße mögen sich nicht begnügen
mit den breiten Boulevards
und eleganten Prachtstraßen
des Lebens,
sie mögen sich nicht verirren
im bedrohlichen Labyrinth
des Verlangens
und nicht endlose Rundwege zurücklegen
im eigenen Ich.

Suche deinen Weg
auf verläßlichen Spuren,
gelegt und erprobt von Menschen,
denen du folgen willst.
Orientiere dich an den Zeichen am Weg,
die das Ziel des Lebens anzeigen.
Lasse dich auf Menschen ein,
die mit dir
dieses Ziel erreichen wollen.

Geh den Weg deines Lebens,
auch wenn du stolperst
und Abgründe schaust,
bleibe dir treu,
lege deine Spur,
damit dir andere
folgen können.

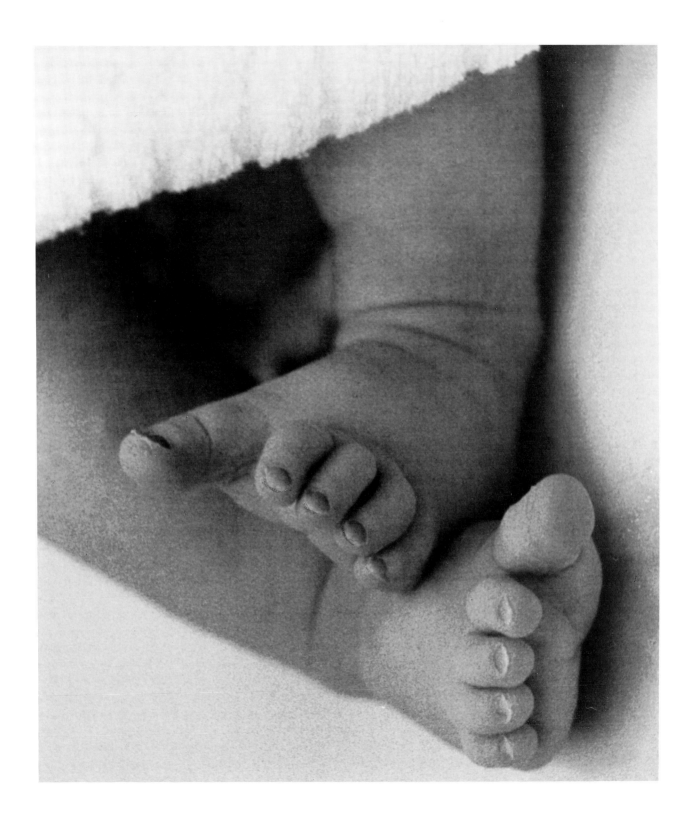

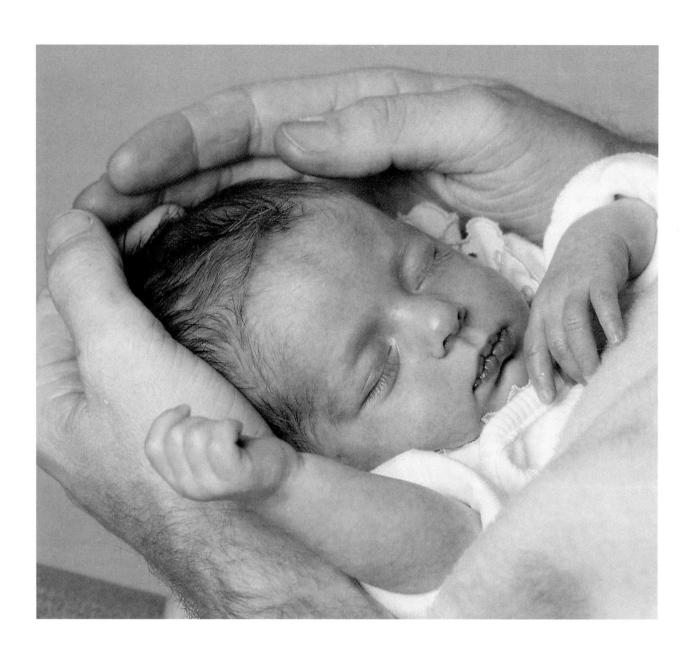

Segne dieses Kind und hilf uns, ihm zu helfen,
daß es sehen lernt mit seinen eignen Augen
das Gesicht seiner Mutter und die Farben der Blumen
und den Schnee auf den Bergen und das Land der Verheißung.

Segne dieses Kind und hilf uns, ihm zu helfen,
daß es hören lernt mit seinen eignen Ohren
auf den Klang seines Namens, auf die Wahrheit der Weisen,
auf die Sprache der Liebe und das Wort der Verheißung.

Segne dieses Kind und hilf uns, ihm zu helfen,
daß es greifen lernt mit seinen eignen Händen
nach der Hand seiner Freunde, nach Maschinen und Plänen,
nach dem Brot und den Trauben und dem Land der Verheißung.

Segne dieses Kind und hilf uns, ihm zu helfen,
daß es reden lernt mit seinen eignen Lippen
von den Freuden und Sorgen, von den Fragen der Menschen,
von den Wundern des Lebens und dem Wort der Verheißung.

Segne dieses Kind und hilf uns, ihm zu helfen,
daß es gehen lernt mit seinen eigenen Füßen
auf den Straßen der Erde, auf den mühsamen Treppen,
auf den Wegen des Friedens in das Land der Verheißung.

Segne dieses Kind und hilf uns, ihm zu helfen,
daß es lieben lernt mit seinem ganzen Herzen.

Lothar Zenetti

Das ist das Größte,
daß du lieben lernst
mit deinem ganzen Herzen

Wenn ich an meine Eltern denke

Meine Eltern – das war Schutz, Vertrauen, Wärme. Wenn ich an meine Kindheit denke, spüre ich noch heute das Gefühl der Wärme über mir, hinter mir und um mich, dieses wunderbare Gefühl, noch nicht auf eigene Rechnung zu leben, sondern sich ganz, mit Leib und Seele, auf andere zu stützen, welche einem die Last abnehmen. Meine Eltern trugen mich auf Händen, und das ist wohl der Grund, warum ich in meiner ganzen Kindheit niemals den Boden berührte. Ich konnte weggehen, konnte zurückkommen; die Dinge hatten kein Gewicht und hafteten nicht an mir. Ich lief zwischen Gefahr und Schrecknissen hindurch, wie Licht durch einen Spiegel dringt. Das ist es, was ich als Glück meiner Kindheit bezeichne, diese magische Rüstung, die – ist sie einem erst einmal umgelegt – Schutz gewährt für das ganze Leben.

Meine Eltern – das war der Himmel. Ich sagte mir dies nicht so deutlich, und auch sie sagten es mir nicht; aber es war offenkundig. Ich wußte (und zwar recht früh, dessen bin ich sicher), daß sich in ihnen ein anderes Wesen meiner annahm, mich ansprach. Dieses Andere nannte ich nicht Gott – über Gott haben meine Eltern mit mir erst später gesprochen. Ich gab ihm überhaupt keinen Namen. Es war da, und das war mehr. Ja, hinter meinen Eltern stand jemand, und Papa und Mama waren nur beauftragt, mir dieses Geschenk aus erster Hand weiterzugeben. Es war der Anfang meines Glaubens.

Diesem Glauben entsprang auch meine Verwegenheit. Ich lief unaufhörlich; meine ganze Kindheit war ein einziges Laufen. Ich lief nicht etwa, um etwas zu erlangen (das ist eine Vorstellung der Erwachsenen, nicht die eines Kindes), ich lief, um all den sichtbaren – und noch unsichtbaren – Dingen entgegenzugehen. Wie in einem Staffellauf bewegte ich mich vorwärts von Vertrauen zu Vertrauen.

Jacques Lusseyran

Quellenverzeichnis: Texte

S. 7f: „Wenn du dem begegnest..." Geburtsanzeige für Simon, von Monika und Dietmar Steinwandel;
S. 9: Peter Klever/Florian Werner, Zum Leben erwachen, Fotokunst-Verlag Groh, Wörthsee u. München 1981;
S. 24: Kurt Marti, geburt, aus: Kurt Marti „geduld und revolte. die gedichte am rand", Radius-Verlag, Stuttgart 1984;
S. 29: Geburtsanzeige für Raphael, von Ingrid und Bruno Kuon, Rottweil;
S. 40: aus: Frederick Leboyer, Weg des Lichts, Kösel-Verlag, München 1980;
S. 56: Linus David, In deine Hände. Gedanken über das Sterben, Lahn-Verlag, Limburg 1979;
S. 59: Margot Bickel, Pflücke den Tag, Verlag Herder, Freiburg i. Br. 1983;
S. 61: Muriel James/Corothy Jangeward, aus: Spontan Leben, Rowohlt Verlag, Reinbek 1974;
S. 65: Gerhard Kiefel, Du, Verlag Kath. Bibelwerk, Stuttgart;
S. 66: „Kinder, die so gewollt sind wie du...": Geburtsanzeige für Gabriel, von Claudia und Jürgen Knubben;
S. 69: Maria Müller-Gögler, Gedicht anläßlich der Geburt von Sulamith Knubben (Rechte bei der Autorin);
S. 72: Rainer Haak, So kostbar ist der Mensch. Ein Buch über uns, Verlag Herder, Freiburg i. Br. 1984;
S. 76: Die Erschaffung des Vaters, Quelle unbekannt.
S. 78: Bertolt Brecht, Märchen, aus: Gesammelte Werke, Band 11, Suhrkamp Verlag, Frankfurt a. M. 1967, S. 7;
S. 79: Peter Klever/Florian Werner, Zum Leben erwachen, Fotokunst-Verlag Groh, Wörthsee u. München 1981;
S. 81: Wolfgang Borchert, „Versuch es", aus: Wolfgang Borchert, Das Gesamtwerk, Rowohlt-Verlag GmbH, Reinbek 1949;
S. 81: Hans Bouma, Willkommen. Wünsche für ein neues Leben. Mit Zeichnungen von Otto Dicke, Oncken Verlag, Wuppertal-Kassel, [4]1986;
S. 93: Segenslied über ein Kind, aus: Lothar Zenetti, Texte der Zuversicht, Für den einzelnen und für die Gemeinde, Verlag Pfeiffer, München [5]1981, S. 226 f;
S. 95: Jacques Lusseyran, Das wiedergefundene Licht (Auszug), Verlag Klett-Cotta, Stuttgart 1981.

Bildnachweis:

Gertie Burbeck: S. 92, Sammlung Paul Derkinderen: S. 8,
Rudolf Dietrich: S. 12, Fritz Dumanski: S. 73,
Jürgen Knubben: S. 28, Werner Knubben: S. 68,
Rupert Leser: S. 22/36/62/91, Klaus Meier: S. 74,
Mary Motley Kalergis: S. 30/33/34/43/46/49/57/60
(aus dem Buch „Giving Birth", Harper & Row),
Lennart Nilsson: S. 11/39, Roland Rassemann: S. 67,
Karsten de Riese: S. 41,
Hartmut W. Schmidt: S. 6/9/10/58/64/65/70/78/85,
Ulli Seer: S. 21, Christof Sonderegger: S. 27/80,
Erika Sulzer-Kleinmeyer: S. 77, Vollmer: S. 16/17/45/54/55/94,
Ursula Zeidler: S. 14/15/18/50/51/53/79/83/87/89.

Veränderte Neuausgabe – 3. Auflage

Alle Rechte vorbehalten – Printed in Germany
© Verlag Herder Freiburg im Breisgau 1986/1998
Umschlagfoto: Gerti Burbeck
Herstellung: Freiburger Graphische Betriebe 1999
ISBN 3-451-26577-X